AF264150

CHAMBRE DE COMMERCE

DE SAIGON

DE LA PIASTRE EN COCHINCHINE

PAR

M. Albert CORNU

Membre de la Chambre de commerce

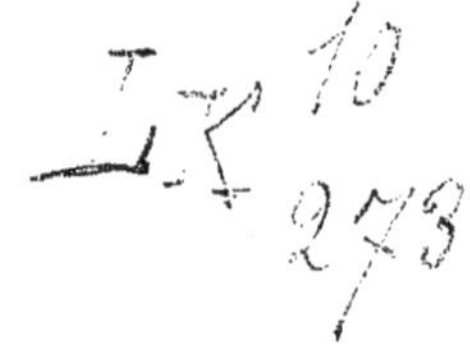

SAIGON

IMPRIMERIE REY & CURIOL

1886

LA PIASTRE EN COCHINCHINE

La baisse de la piastre prend depuis quelques mois une rapidité plus grande que jamais ; la crise est à l'état aigu ; tout le monde souffre beaucoup et crie en conséquence.

Il serait très téméraire et très long d'énumérer les causes et phases diverses de la dépréciation de l'argent ; nous ne savons que trop qu'elle existe dans le monde entier d'une façon constante depuis 13 ans. Tous les pays d'argent en sont victimes ; ceux de l'union latine, d'un côté ; et de l'autre, l'Amérique, la Chine, l'Inde, le Japon, et enfin, *quorum pars parva*, la Cochinchine. Ne nous occupons que de celle-ci.

Entourée de marchés beaucoup plus importants qu'elle et qui faisaient leurs affaires en piastres, la Cochinchine a été forcément amenée à adopter cette monnaie. La balance de son commerce, qui est toujours en sa faveur, puisqu'elle est exportatrice beaucoup plus qu'importatrice, ne pouvait lui être payée par la Chine et Singapore, ses débiteurs principaux, que dans la monnaie dont ils se servent ; il lui eût été impossible d'en obtenir autre chose et il lui eût été dangereux d'importer de l'argent français pour ses transactions même locales, car il en serait résulté une juxtaposition de deux pièces de valeurs fictives et intrinsèques, variables et indépendantes, donnant lieu à des agios continuels, à des erreurs inévitables, à des tripotages sans fin.

La piastre s'imposait donc par le fait du milieu dans lequel naissait la Cochinchine et, s'imposant ainsi, elle avait de grands avantages. La supériorité de la piastre était si frappante pour tous que, lorsque d'autres pays que le Mexique ont voulu monnayer leurs lingots pour en faciliter l'écoulement, l'Angleterre, le Chili, la France, l'Amérique, ni l'un ni l'autre n'a songé à envoyer en Chine autre chose que la piastre ; tous ont fabriqué des pièces du poids et de la forme connus et n'en ont changé la suscription que pour donner à ces pièces leur garantie morale et respecter « la marque de fabrique », pour ainsi parler, de leurs concurrents de fabrication.

Enfin, cette nécessité de la piastre était si bien reconnue, que nos gouvernants eux-mêmes n'ont jamais songé (ne l'ont jamais tenté, du moins), à lui substituer la monnaie nationale. Le trésor a bien essayé, en 1878, je crois, l'introduction de la pièce de 5 francs ; mais l'essai en a été des plus malheureux. On n'y a pas insisté.

Le budget, jusqu'en 1879, était en francs, mais on payait en piastres ; à partir de 1882, le budget même fut établi en piastres. L'expérience du passé et la logique économique sont donc bien clairement en faveur de la piastre. Je ne crois pas, du reste, que même parmi ceux qui en souffrent le plus, parmi ceux qui crient le plus fort, il y en ait un seul qui admette la possibilité de s'en passer absolument.

Voilà les avantages de la piastre : quels sont ses inconvénients ? un seul, il est très grave : elle perd constamment de sa valeur, et tous les Européens qui mettent en Europe leur idéal, leur terme comparatif de fortune, et dont l'avoir est représenté par la piastre, s'appauvrissent tous les jours. Car il ne faut pas oublier que nous souffrons de la baisse uniquement parce que nous nous comparons aux pays d'or et d'argent garanti. Supposez que la Cochinchine soit tout à coup séparée de l'Europe, qu'il ne soit plus question pour nous d'y rentrer, ni d'en recevoir quoi que ce soit ; nous comptons en piastres, et rien qu'en piastres, et nous ne nous apercevons plus du tout de la baisse.

Et qu'est en réalité cette baisse de l'argent ? C'est un aléa commun à toutes les formes de la fortune. Je possède un immeuble; on construit beaucoup dans une ville, j'y perds. J'ai un stock de vins; il en arrive plusieurs chargements, j'y perds. J'ai enfin des piastres; la terre donne de plus en plus d'argent, la consommation en diminue au contraire, l'Allemagne démonétise, les Etats-Unis parlent de ne plus en frapper, j'y perds. Mon malheur est d'être riche... en argent... en vins... en immeubles.

Et les plus riches sont ceux qui souffrent le plus. Puisque nous parlons commerce, il faut bien mettre en tête les grosses maisons, les banques surtout, et je prendrai, en particulier, la banque de l'Indochine, puisque l'opinion publique en a fait de tout temps sa tête de turc. Eh bien, la banque de l'Indochine est celle de nous tous qui perd le plus à la baisse du change, cela est clair; de même encore une fois que le négociant qui a un stock de vins est celui qui perd le plus quand le vin baisse. Et on l'accuse cependant d'avoir une influence néfaste sur le commerce de la place?

Je crains que le public saigonnais ne comprenne pas très bien la question; il n'est pas assez mêlé aux affaires extérieures, il ne lit pas assez les prix-courants de nos voisins, les circulaires des marchés d'argent, pour se rendre compte de ce qu'est la question du change. Les souffrances sont réelles, mais elles sont les mêmes pour tous; les grandes maisons, les banques surtout, pâtissent même plus que les autres, et si elles ne disent rien, c'est qu'elles savent que cela ne servirait à rien.

Prenons une banque quelconque, fondée il y a 20 ans en Chine. Elle a lancé son prospectus en France et émis des actions de 500 francs. On a souscrit, et elle a transporté en Chine, où elle devait opérer, son capital versé, capital qu'il a bien fallu transformer en piastres. Admettons que la piastre valût alors 5 francs 50 ; chaque 500 francs a donc produit $ 90 90. Aujourd'hui, par exemple, à la liquidation, il faut rembourser ces actions à 500 francs ; la piastre, qui représente toujours le capital, vaut 3 francs 80. Il en faut $ 131 60, soit une perte de $ 40 70.

Cette même banque fait maintenant une opération commerciale ; elle a besoin de piastres et en achète en mars 1886, et à 4 francs 10, sur le marché de Londres. Ces piastres seront ici en avril; elles y restent quelque temps, attendant l'occasion ; elles se placent enfin dans les transactions habituelles de Saigon, c'est-à-dire en documents sur Hongkong, où elles arrivent environ deux mois et demi après leur départ de Londres. A Hongkong, la banque emploie cet argent à acheter des remises sur Paris, à qui elle doit payer précisément le montant de cet achat. Or, depuis le mois de mars, la piastre a baissé à 3 fr. 80 : perte sur cette affaire du fait même de cette variation, 0 fr. 30 par piastre.

Une usine se fonde, une ligne de navigation se crée, un chemin de fer se construit, un négociant constitue son stock ; les machines, les bateaux, le matériel, les denrées, sont autant de piastres apportées ici, il y a 2 ans, 8 ans, 15 ans. Eh bien ! ces piastres, il faut les payer aux constructeurs, aux actionnaires et aux fournisseurs, et l'on y perd 30 0/0 quelquefois.

Les grandes entreprises s'adressent généralement à un public asiatique de changeurs, de voyageurs, d'acheteurs, qui souvent n'ont rien à faire avec la baisse du change. Cette baisse n'a pas influencé, par exemple, le taux de l'escompte des traites documentaires entre Saigon et Hongkong ; elle n'a pas fait hausser le prix des places en tramways ; le fret de Pnom-penh à Saigon, le fret et le passage par Messageries maritimes. Or, toutes ces entreprises ont des remises à faire en Europe ; leurs gains sur place sont frappés sans qu'elles puissent les augmenter en compensation. Les Messageries maritimes, loin d'avoir relevé leurs frets et leurs passages, les ont plutôt diminués, et pourtant elles ont des remises énormes à faire en Europe, sur lesquelles elles perdent.

Le petit commerce, le tailleur, l'épicier, l'horloger, le coiffeur, le cafetier ont au contraire affaire à une clientèle européenne, laquelle est au courant de la baisse, puisque presque tout le monde a reçu un abondement de gages motivé par elle ; il est patent d'autre part que les articles de vente du petit commerce sont de provenance européenne ; rien n'est plus logique, par conséquent, pour lui, que d'augmenter ses prix : — Mais, dira-t-on, le chinois du coin maintient ses prix, je ne puis augmenter les miens, moi Européen marchand. — Ah ! ici, nous avons affaire à la concurrence, à l'offre, à la demande, mal commun à toutes les entreprises, bien commun à tous les consommateurs ; le change n'a rien à y voir.

On a accusé la banque de l'Indochine de tenir son cours audessous de celui de Singapore. Cela est possible ; car c'est le marché de Hongkong qui seul guide toutes nos banques d'ici, par cette raison que nous faisons beaucoup d'affaires, presque toutes nos affaires, avec ce marché ; que nos banques y ont toujours beaucoup d'argent à elles, que c'est de là qu'elles ont à le faire revenir ici ou à l'envoyer en Europe et qu'elles doivent, par conséquent, baser leur cours sur ce qu'elles peuvent obtenir de leur argent là où il est conduit par le va et vient d'affaires.

Eh bien ! voici les cours depuis 3 mois, pris dans les circulaires monétaires de Hongkong et dans notre bulletin :

DATES	TRAITRES DE BANQUE 4 mois sur Londres type accepté dans les calculs des banques.	PARITÉ A VUE au change de Londres sur Paris à l'Escompte de Londres, variables.	COURS DE NOS BANQUES A VUE SUR PARIS.	
			Indochine.	Hongkong Shanghai Bank.
1er Mai	3 sh. 3 5/8	4 f. 13	4 15	4 16
15 »	3 3 1/8	4 05	4 08	4 10
1er Juin	3 3 1/4	4 10	4 11	4 11
11 »	3 3 1/8	4 07	4 07	4 06
2 Juillet	3 2 5/8	4 06	4 06	4 06
10 »	3 2 1/8	3 95	3 98	3 95
26 »	3 1 3/4	3 92	3 91	3 90
5 Août	3 0 1/2	3 78	3 78	3 78

Ce tableau montre que nos banques principales ont suivi le même guide et l'ont suivi de très près. Voici maintenant les cours de Singapore que l'on peut comparer avec ceux de Hongkong d'après les mêmes circulaires :

7 mai...	3 sh. 4 1/8	8 juillet.	3 sh. 3 7/8
20 —	3 — 4	23 —	3 — 3
1er juin..	3 — 4	29 —	3 — 2 1/2
16 —	3 — 4	9 août...	3 — 1 1/2

Vous le voyez, c'est toujours de 1 3/4 à 2 0/0 plus élevé que Hongkong. Mais, encore une fois, Singapore n'est pas notre guide ; il est rare que nos banques y aient de l'argent disponible. La banque de l'Indochine et ses concurrentes n'ont aucune influence sensible sur le change ; elles le subissent comme vous et moi.

En somme, la crise actuelle est pour tous proportionnelle aux capitaux engagés et, grands et petits, nous sommes à deux de jeu. Il n'y a ici ni loups, ni brebis.

J'ai dit que la piastre était la monnaie logique de la Cochin-chine. J'ai reconnu qu'elle avait le gros défaut de se déprécier. J'ai établi que tout le monde y perd également. Voyons s'il y aurait moyen de la remplacer par une pièce qui n'aurait que des qualités. Et tout le monde, français jusqu'aux moëlles, de s'écrier : *La pièce de cinq francs ! Le budget en francs ! Nous sommes pays français. La pièce de cinq francs n'est pas dépréciée en France. Elle vaut toujours le quart d'un louis d'or. Du temps de nos pères il en était ainsi, voire même de nos grand-pères. La pièce de 5 francs est infaillible !*

Eh bien ! la pièce de 5 francs est le plus lourd boulet que la France ait aujourd'hui au pied, et si nos grand-pères avaient mieux connu les affaires, ils n'auraient pas voté cette dange-reuse loi du 28 thermidor an III, qui sanctionne le bi-métal-lisme et donne la garantie de l'Etat français : que l'argent vaudra toujours 15 1/2 fois moins que l'or! C'est sur cette garantie que l'argent continue à circuler chez nous comme par le passé. On est toujours sûr d'en avoir la valeur (fictive) réalisée en or ; on est toujours sûr de se libérer d'une dette puisqu'il a le cours forcé. Ce n'est beau que parce qu'il a derrière lui la garantie de l'Etat.

Supposons que la France traverse une crise qui la mène à la faillite. Sa signature ne vaut plus rien, comme cela est arrivé jadis pour les assignats ; sa pièce de 5 francs tombe à la valeur marchande du métal, c'est-à-dire qu'elle perd 30 0/0 au moins, et si la circulation argent de la France est de trois milliards, il s'en évanouira un dans les caisses des Français.

La situation est assez tendue pour qu'on puisse même admettre que l'on s'occupera avant peu de la démonétisation de l'argent français ; on la fera sans doute par secousses légères aux frais du budget ; nous irons porter nos écus aux guichets du trésor, où l'on nous donnera en or, si on peut, ou bien en billets payables plus tard en or, l'équivalent de notre argent. Le trésor vendra ces pièces aux marchands de métaux, après les avoir dénaturées, pour leur valeur marchande, pour 3 fr. 20 ou 3 francs, ou même moins. Mais il faut une loi pour auto-riser cela, car il y aura perte à combler au détriment de tous, et cette loi devient plus imminente chaque jour. Et si la baisse s'accentue ainsi, c'est précisément en partie parce que les marchés d'argent savent que les états qui en ont vont fatalement à la démonétisation et jetteront avant peu sur le monde des quantités énormes du métal répudié.

La garantie de l'Etat, voilà le secret de la tenue de l'argent en France, par rapport à l'or. C'est une fiction, et des plus dangereuses !

La pièce de 5 francs n'est donc pas ce qu'on paraît penser.

Supposons, cependant, qu'on l'apporte en Cochinchine ; plusieurs questions vont alors se poser tout d'abord :

1º Va-t-on exclure la piastre de la colonie ou du trésor seulement ? Circulation parallèle des deux pièces.

2º Le budget en francs devient obligatoire si l'on impose la pièce de 5 francs au trésor. Quels avantages pour l'administration et pour le commerce ?

3º Qui importera l'argent nouveau ?

4º Quel intérêt aura la France à écouler chez nous ses pièces d'argent ?

I

Nul n'a encore parlé d'exclure la piastre de la Cochinchine entière ; mais il est à craindre que devant les difficultés inextricables auxquelles va nous exposer la circulation parallèle des deux métaux, on n'en arrive à le proposer. Je vais insister sur la situation que cette mesure extrême créerait au commerce.

La Cochinchine, munie d'une circulation de pièces de 5 francs, serait dans une infériorité absolue vis-à-vis des places voisines. Ces pièces se trouvent en France, c'est loin ; on en achètera dans le public ou à la banque de France, car la frappe en est suspendue ; mais où qu'on les prenne, vu l'éloignement, il faudra prévoir longtemps à l'avance les coups de feu du commerce, les achats du trésor, constituer par conséquent une lourde encaisse dans les banques, ce qui se traduit par des escomptes plus élevés à la charge des affaires.

Mais c'est surtout dans les règlements avec les places voisines avec lesquelles se font les 90/100mes de notre commerce que nous serions gênés. Ces places nous doivent toujours; elles ne pourront nous envoyer des pièces de 5 francs, n'en ayant pas.

Comment nous payeront-elles ? En traites sur l'Europe ? mais notre besoin de remises en Europe est limité, tandis que le besoin d'argent est constant. Nos banques épuiseront toujours leurs encaisses au profit de l'intérieur et devront toujours le renouveler de France même, avec les lenteurs que j'ai dites et des frais que n'a pas la monnaie échangeable actuelle. Nos règlements de comptes et nos achats de remises vont devenir impossibles.

Enfin, alors qu'au moment des affaires, nous pouvons puiser la piastre chez nos voisins, dans les quatre jours et en quantités presque illimitées, et la leur renvoyer au moment de notre morte-saison, épargnant ainsi aux encaisses une immobilité coûteuse, notre stock de pièces de 5 francs sera condamné à cette immobilité et nos banques devront rester bondées alors que les affaires sont nulles. Et cela encore se chiffre par des escomptes élevés.

Pour introduire la pièce de 5 francs, il faudrait lutter avec l'habitude du pays entier.

Mais le plus grave, c'est que vous imposeriez ainsi à tou possesseur, quel qu'il soit, la réalisation immédiate de ses piastres. Comment les indigènes comprendront-ils cette opération ?

Ils possèdent aujourd'hui une pièce de 27 gr. 1/2 argent. Vous allez la leur prendre et leur demander encore 30 cents, soit environ 8 gr. (puisqu'il faut à peu près $ 1.30 pour payer une pièce de 5 francs), et qu'allez-vous leur donner en échange de ces 35 gr. 1/2 ? une pièce de 25 gr. ! Qu'en penseront-ils ? qu'on les trompe, et ils n'auront pas tort ; car vous n'avez pas ici la circulation d'or pour garantir cet argent surfait; et ils ne comprendront pas votre fiction ; ils seront inquiets de leur avoir dont l'aisance de circulation ne sera pas complète. En réalité, si on y réfléchit, on s'apercevra que cette substitution ne saurait se faire honnêtement.

Vous n'introduirez donc pas la pièce de 5 francs à l'exclusion de la piastre, vous ne forcerez pas ainsi la main à votre commerce, à votre population entière, et tout au moins êtes vous amenés à admettre la *circulation parallèle* des deux pièces.

Or, la *circulation parallèle* des deux pièces, c'est l'eau la plus trouble dans laquelle on puisse pêcher. Vous livreriez le pays aux agioteurs et aux changeurs. Il paraît certain que l'usage de la pièce française sera limitée aux transactions avec le Trésor ; que son utilité, comme je l'expliquerai plus loin, sera limitée aux remises en France. Le stock s'en épuisera sans aucun doute rapidement, et, comme tout le monde n'en recevra pas du Trésor, il faudra bien que beaucoup de gens l'achètent au moment du payement des impôts. Il y aura accaparement, et comme cela est arrivé pour la monnaie divisionnaire, mais avec beaucoup plus d'intensité, il faudra payer très cher aux changeurs cet argent spécial qui n'aura pas de source commerciale à proximité. Il peut même arriver qu'il n'y en ait plus dans le pays, car il peut être avantageux à un moment donné de l'exporter, et alors que fera le Trésor ?

D'un autre côté, si vous n'imposez la piastre qu'au Trésor, quelles difficultés allez-vous faire naître dans le public ! Voici deux monnaies indépendantes, dont l'une est moins utile que l'autre ; je la refuserai donc si la loi ne m'oblige pas à la prendre. Comment alors le fonctionnaire, qui n'aura que ces pièces *moins utiles*, me payera-t-il le loyer ou la facture qu'il me doit ? On dira que l'argent français est tellement supérieur à la piastre que nul ne le refusera. C'est une erreur, c'est le taux d'échange qui fait la supériorité ou l'infériorité d'une pièce. Aussi, pour prévenir des discussions journalières, vous serez amenés à décréter un *rapport fixe entre les deux monnaies* en circulation en leur donnant à toutes deux cours forcé au Trésor et au commerce.

Et vous en verrez alors bien d'autres ; vous reverrez ce qui est arrivé en 1878 ; on voulait introduire la pièce française ; la piastre était évaluée à 5 fr. 35 cent. et la pièce de 5 fr. à sa valeur nominale. Le Trésor payait ses dettes de deux façons au choix du créancier : ou bien 1.000 fr. se payaient par 200 pièces de 5 fr., ce qui faisait...................... fr.   1.000
ou par $ 186.91 à 5 francs 35 cent. qui valaient en réalité au commerce 4 francs 60 cent.   859.78
Bénéfice au payement en pièces françaises....   140.22
ou 14 0/0 ! On dépensait 2 $ 0/0 pour envoyer ces pièces en France, il restait 12 0/0 de bénéfice au détriment du Trésor. Aussi tous les payements de celui ci se faisaient en francs et tous ses encaissements en piastres ; on s'aperçut vite de l'erreur. Eh bien, vous vous exposez aux mêmes dangers. Si vous fixez le rapport de deux monnaies à 1 30, par exemple, le jour où la piastre tombera au dessous de 3 fr. 80 cent. on vous en inondera et on

ne vous demandera au contraire que de l'argent français. Et *vice versa*. Vos deux circulations se chasseront l'une l'autre.

Enfin la colonie se mettrait vis-à-vis de ses habitants dans la situation de la France vis-à-vis de ses nationaux. Vous me forcez à prendre un morceau d'argent pour tant de francs, vous m'en devez honnêtement la valeur imposée le jour où je veux m'en débarrasser. Il ne s'agirait plus alors d'une responsabilité limitée au chiffre d'affaires du Trésor qui, après tout, n'en fait que 5 millions 1/2, mais bien de la fortune publique entière. C'est donc un danger auquel il faut songer, le danger de la monnaie fiduciaire.

Si nous venions demander à la colonie de nous garantir ainsi, par rapport à une monnaie légale et fixe, la valeur de la piastre, c'est comme si nous lui demandions de garantir la valeur des immeubles ou des denrées. Encore une fois, l'argent n'est qu'une des formes de la fortune et, comme tel, soumis à des fluctuations. Ce qui nous a faussé le jugement, à nous autres Français, sur ce sujet, c'est cette habitude que nous avons depuis notre enfance de savoir que l'argent est à l'or dans telle proportion immuable. Dans les pays de monométallisme, cette idée n'existe pas; l'or est là pour les échanges, il est seul, tout oscille autour de lui, et nul ne pensera jamais que telle autre forme de la fortune doive être un jour évaluée légalement par rapport à lui. La France a commis cette erreur jadis, alors que la science financière était dans l'enfance ; ne la commettons pas à sa suite, elle coûte trop cher.

Je ne crois donc pas à la possibilité de la circulation parallèle, et pas plus au Trésor que dans le commerce.

II

Que si l'on veut passer par dessus ces difficultés, ces injustices, ce danger, voulant laisser au commerce l'usage de la piastre, on n'impose la pièce de 5 francs qu'au Trésor, on décide du même coup le *budget en francs*.

Je ne m'occupe pas d'autre chose ici que des intérêts du commerce. Quel change de transformation prendra-t-on ? dans quelle proportion les contribuables en souffriront-ils, les créanciers de la colonie en bénéficieront-ils? A d'autres. Tout ce que je veux montrer, c'est que cela n'aura pas pour le commerce l'importance heureuse qu'il se figure.

Le droit strict du commerce, petit ou grand, était d'augmenter ses prix au fur et à mesure de la baisse du change ; il ne l'a pas fait, la concurrence ou la pauvreté de ses clients l'en ont empêché ; or, la pièce de 5 francs ne tuera pas la première, et le jour où l'on transformera la piastre en francs, le marchand et l'agent de transport, tenus par la loi d'offre et de demande, diront simplement à leurs clients : « Ceci valait 1 $, donnez-moi 3 francs 80. » Où est le gain? je ne le vois pas.

Est-il dans le développement des affaires qui suivra l'amélioration de la situation pécuniaire des fonctionnaires? oui certes ; mais on aurait ce même avantage en payant la piastre *au cours du mois*, ce qui éviterait les dangers de la monnaie française, dangers dont le commerce serait le premier à souffrir. Ici encore, je ne vois pas l'avantage.

Le seul bénéfice que trouvera le commerce à la transformation du budget en francs et au payement en monnaie française des dettes du Trésor, ce sera la fixité de ses remises ; je parle surtout ici du petit commerce, qui vit de la clientèle administrative, et des adjudicataires des marchés ; le reste des affaires se traitera comme par le passé. Ayant une pièce qui retrouvera en France sa valeur en or, et qui ne sera pas recherchée ici pour les affaires locales, ils s'en serviront évidemment pour des remises en numéraire dont les frais sont fixes. Leurs prix de revient ne varieront plus, mais leur gain n'en sera pas augmenté.

Si donc on invoquait l'utilité du budget en francs pour le commerce de Saigon, on se tromperait du tout au tout. Cette utilité est si limitée qu'elle ne vaut certes pas tous les tracas qui l'accompagneraient. En réalité, au budget de francs payés en francs, les créanciers de la colonie seuls gagneront : les fonctionnaires d'abord, à qui on payera intégralement leurs appointements fixés en francs ; les adjudicataires ensuite, à qui, dans une mesure à débattre, on compensera la perte que la baisse du change leur fait subir. Eux seuls doivent intéresser la colonie parce qu'eux seuls ont des engagements avec elle. Mais on peut obtenir encore une fois ce résultat avec la piastre en payant au cours, ce qui serait bien plus simple.

J'ai déjà dit que je ne traite ici la question qu'au point de vue commercial ; je laisse à l'administration le soin de prévoir la façon très compliquée dont elle transformera ses impôts et ses dépenses.

III

Après avoir étudié les inconvénients de l'introduction du franc en Cochinchine, il est temps de montrer à ceux qui le préconisent quand même quels en seraient le coût et la difficulté.

Qui se chargera de l'introduction : le commerce ou le Trésor ? et avec quoi en payera-t-on l'achat ?

Le véritable banquier d'un pays, c'est son commerce ; c'est lui qui achète et paye la récolte, qui excite à la besogne et la rétribue : sans lui il n'y aurait pas d'échanges extérieurs, la vie resterait pour ainsi dire à l'état latent. C'est donc lui qui par ses banques, c'est à dire par un de ses rouages, met dans la main des contribuables l'argent nécessaire à leurs échanges et à l'acquittement de leurs impôts. Or, ma piastre me suffit ; la pièce française me gênerait ; je ne la ferai donc pas venir, car je n'ai aucun bénéfice en compensation à l'échange.

Les différents systèmes qu'on a mis en avant commencent tous par ces mots ou à peu près : « Que le Trésor constitue une « encaisse de tant, et répande la pièce de 5 fr. dans le public. » Mais sapristi, où voulez-vous que le Trésor prenne cette encaisse, et croyez-vous qu'il en donnera comme cela à quiconque ?

Le Trésor fait ici les affaires de deux personnes : la France, pour le service marine et le Tonkin ; la colonie, pour le budget local. La France se procure l'argent de ses dépenses par les moyens qu'elle veut, et nous n'avons nul droit d'y voir ; quant à la colonie, son budget s'équilibre ; et le Trésor, son caissier, n'a pas à faire venir de l'argent du dehors, au contraire, il en remet.

Car le Trésor n'est pas un banquier ; c'est un caissier qui, comme tous les caissiers, ne paye qu'autant et avec l'argent qu'il encaisse. Il peut échanger son encaisse, il ne peut s'en créer une ; il encaisse des piastres, il peut les changer contre des pièces de 5 francs ; mais pour faire cette transformation, il n'est pas plus fort qu'un autre et la fera au cours comme un simple marchand. Il encaissera au courant de l'année 5.600.000 piastres avec lesquelles il achètera en France des pièces françaises, et on les lui comptera au taux de la piastre, du jour des différentes livraisons qu'il en fera. Qu'en résultera-t-il? Que son budget, qui est coté d'avance à un taux fixe pour toute l'année, portera *en entier* le risque de la baisse de la piastre jusqu'au parfait payement de l'argent français acheté. Pendant toute l'année de transformation vous risquez ainsi, et sur *tout le budget*. Et ensuite, du moins, en serez-vous débarrassés, de ce risque? Pas le moins du monde; car cette circulation, vous devrez la défendre contre l'exportation et la renouveler au besoin, de façon que votre population n'ait pas à souffrir d'un système que vous lui aurez imposé arbitrairement. On a payé la monnaie divisionnaire jusqu'à 7 et 8 0/0, et elle tient une place bien peu importante dans la circulation; que sera-ce de la circulation elle-même? Il faudra donc que vous en assuriez l'abondance.

Ce n'est donc qu'au prix de gros risques et sans doute de grandes pertes que le Trésor peut transformer son encaisse; et qu'est cette encaisse par rapport au mouvement commercial du pays qui fait 30 millions de piastres d'affaires extérieures? Le Trésor est une grosse maison, mais pas au point cependant que tous les intérêts se soumettent à ses allures. Pour lancer la pièce de 5 francs dans le pays de façon qu'il y en ait toujours et beaucoup, malgré les exportations, il faudrait que quelqu'un, Trésor ou banque, échangeât la piastre contre la pièce de 5 francs à guichet ouvert et partout; mais pourquoi s'arrêter à ce rêve; ne voit-on pas de suite à quel risque de perte on s'expose?

Et du reste, pourquoi tant d'aventures?

En réalité, qu'avez-vous à satisfaire? Les créanciers en francs, c'est-à-dire les fonctionnaires et les porteurs de marchés, au moins partiellement pour ces derniers. C'est là peut être le quart de votre budget. Pourquoi alors, au prix de tous les tracas que j'ai dits, sans utilité réelle, risquer la perte sur tout le budget? Pour les trois quarts de vos affaires, vous encaissez piastre et payez piastre sans que les intéressés, asiatiques ou fournisseurs de matériaux asiatiques, s'en offusquent; pour l'autre quart, seulement, vous êtes liés; eh bien, limitez votre risque à ce quart. Il vous en coûtera $ 150.000, soit 3 0/0 à peine de votre chiffre d'affaires.

Si, pour ces dettes en francs, vous voulez faire venir des pièces de France, faites-le ; mais vous embrouillerez bien des choses, et cela vous coûtera tout aussi cher que de les payer purement et simplement en piastres au *cours du mois.*

IV

La France a-t-elle intérêt à nous envoyer de son argent ? Il semblerait que oui, puisqu'il est une menace pour elle, et c'est un argument que donnent quelques-uns.

Si elle pouvait vendre pour 5 francs d'or ses écus d'argent, et en secouer à jamais la responsabilité, ce serait une opération des plus heureuses ; mais il ne s'agit pas de cela ; il s'agit tout simplement d'échanger des pièces de 5 francs contre des piastres au cours.

La France vous prendra vos lingots de valeur variable, et de deux choses l'une : elle prendra le risque de leur baisse et vous fera son prix d'échange en conséquence, ou bien elle vous laissera ce risque jusqu'à réalisation de votre métal. Comment se soldera cette opération à long terme ? ce sera l'aléa, car il ne faut pas se figurer que le placement d'un métal déprécié soit chose facile ; la négociation est donc délicate.

Peut-on espérer que les pièces de 5 francs iront s'enfouir dans l'intérieur, se fondre en bijoux ? Non pas ; il y a près d'elles des pièces aussi pures et de 30 0/0 meilleur marché, les piastres, et on les prendra. C'est la signature de la France, c'est sa marque de fabrique, et avec garantie du Gouvernement cette fois, qui fait la valeur des pièces de 5 francs. On les gardera telles quelles, et tôt ou tard elles retomberont de tout leur poids sur la responsabilité nationale. La France n'a donc aucun intérêt, au contraire, à s'entendre avec nous pour écouler son argent monnayé.

CONCLUSIONS.

En vérité, en vérité, je vous le dis : Je ne crois pas au succès de la monnaie française dans ce pays. Je ne vois aucun avantage sensible à la transformation dont on parle, soit pour le commerce, soit pour le Trésor, et j'y vois beaucoup de pertes et d'inconvénients.

Il est trop tard pour qu'elle puisse se faire en 1887. Remettons de six mois la décision et employons ce délai à nous renseigner. Il faudrait lire les considérations qui ont fait adopter le budget en piastres en 82 après des difficultés inouïes, il faudrait surtout savoir comment les anglais qui, dans l'Inde et en Chine, souffrent comme nous et plus que nous, se conduisent en cette affaire.

Je conclus :

Etant donnés les difficultés et le coût de la transformation du budget et de la circulation,

Étant donnés son inutilité et ses dangers au point de vue du commerce,

Je demande :

Le *statu quo*, c'est-à-dire le budget en piastres, mais avec payement au cours du mois de toutes les dettes de francs.

C'est très simple et cela coûtera toujours beaucoup moins que la transformation de la circulation et du budget; car cela ne porte que sur le 1/4 de celui-ci et non plus sur la totalité.

C'est très prudent, car vous évitez les difficultés et les responsabilités de la circulation parallèle et du système fiduciaire qui en est la conséquence forcée.

C'est très facile. Vous votez au budget 150.000 piastres de compte de change, qui donnera ou recevra une différence à la fin de chaque mois, selon que le change sera au-dessous ou au-dessus du taux du calcul budgétaire. Pour parfaire cette perte possible, vous ferez jouer un impôt élastique, ou mieux : vous serrerez les cordons de votre bourse, ce que fait chacun, du reste, en extrême-orient.

C'est enfin très politique, car vous ne risquerez pas de mécontenter les indigènes par une substitution difficile à expliquer ; ni le colon par les ennuis et les désillusions auxquels il se trouverait exposé, quoi qu'il en pense aujourd'hui.

Août 1886.

SAIGON. — IMPRIMERIE REY ET CURIOL.

www.ingramcontent.com/pod-product-compliance
Lightning Source LLC
Chambersburg PA
CBHW061816060726
47597CB00008B/3223